DÍAS FESTIVOS

Cinco de Mayo

Se celebra el orgullo

Carol Gnojewski

Enslow Elementary
an imprint of

Enslow Publishers, Inc.

40 Industrial Road   PO Box 38
Box 398   Aldershot
Berkeley Heights, NJ 07922   Hants GU12 6BP
USA   UK

http://www.enslow.com

Para mi familia, amigos y profesores de idioma español.

Enslow Elementary, an imprint of Enslow Publishers, Inc.

Enslow Elementary ® is a registered trademark of Enslow Publishers, Inc.

Spanish edition copyright © 2005 by Enslow Publishers, Inc.

Originally published in English under the title *Cinco de Mayo—Celebrating Hispanic Pride* © 2002 Enslow Publishers, Inc.

Spanish edition translated by Carolina Jusid, edited by Susana C. Schultz, of Strictly Spanish, LLC.

Library of Congress Cataloging-in-Publication Data

Gnojewski, Carol.
  [Cinco de Mayo : celebrating Hispanic pride. Spanish]
  Cinco de Mayo : se celebra el orgullo / Carol Gnojewski.
      p. cm. — (Días festivos)
  Includes bibliographical references and index.
  ISBN 0-7660-2616-7
    1. Mexico—Social life and customs—Juvenile literature. 2. Cinco de Mayo, Battle of, Puebla, Mexico, 1862—Juvenile literature.
  3. Cinco de Mayo (Mexican holiday)—History—Juvenile literature. 4. Juárez, Benito, 1806-1872—Juvenile literature. I. Title. II. Series.
  F1210.G5518 2005
  972—dc22   2005007336

Printed in the United States of America

10 9 8 7 6 5 4 3 2 1

To Our Readers: We have done our best to make sure all Internet Addresses in this book were active and appropriate when we went to press. However, the author and the publishers have no control over and assume no liability for the material available on those Internet sites or on other Web sites they may link to. Any comments or suggestions can be sent by e-mail to comments@enslow.com or to the address on the back cover.

Every effort has been made to locate all copyright holders of material used in this book. If any errors or omissions have occurred, corrections will be made in future editions of this book.

A nuestros lectores: Hemos hecho lo posible para asegurar que todos los sitios de Internet que aparecen en este libro estuvieran activos y fueran apropiados en el momento de impresión. Sin embargo, el autor y el editor no tienen control sobre, ni asumen responsabilidad por, los materiales disponibles en esos sitios de Internet o en otros de la Web a los cuales se conectan. Todos los comentarios o sugerencias pueden ser enviados por correo electrónico a comments@enslow.com o a la dirección que aparece en la cubierta trasera.

Se ha hecho todo el esfuerzo posible para localizar a quienes tienen los derechos de autor de todos los materiales utilizados en este libro. Si existieran errores u omisiones, se harán correcciones en futuras ediciones de este libro.

Photo Credits/Créditos fotográficos: Cartesia Software, p. 22; © por James Martin, Mayo 10, 2001 (www.sanfrancisco.about.com) bajo licencia a About.com, Inc. Usado con autorización de About.com, que puede encontrarse en el Web en www.about.com. Todos los derechos reservados., pp. 26, 28, 34; Cheryl Wells, p. 43; © Corel Corporation, pp. 14, 20, 27 (bottom/parte inferior), 29 (top/parte superior), 30, 36 (top/parte superior), 42–43 (background/fondo), 44, 45, 46, 47; Dover Publications, Inc., p. 21; Enslow Publishers, Inc., p. 39; Geoff Apold, TxDOT, p. 40; Hemera Technologies, Inc., pp. i, ii, iii, 9, 11 (both/ambos), 12, 15, 18, 23, 24 (both/ambos), 25 (top/parte superior), 29 (bottom/parte inferior), 31, 32 (both/ambos), 33, 36 (both/ambos) 37 (both/ambos); Jack Lewis, TxDOT, pp. 7, 17, 38; J. A. Wrotniak, p. 8; J. Griffis Smith, TxDOT, p. 41; Kevin Stillman/TxDOT, pp. 5, 27 (top/parte superior), 35; Biblioteca del Congreso, pp. 6, 10, 13, 16, 19; 25 (bottom/parte inferior); Texas State Library and Archives Commission, p. 4.

Cover Credits/Créditos de la cubierta: © por James Martin, Mayo 10, 2001 (www.sanfrancisco.about.com) bajo licencia a About.com, Inc. Usado con autorización de About.com, que puede encontrarse en el Web en www.about.com. Todos los derechos reservados. (background/fondo, middle inset/encarte central); Kevin Stillman, TxDOT (top inset/encarte superior); Biblioteca del Congreso (bottom inset/encarte inferior).

CONTENIDO

1   Benito Juárez   5

2   México obtiene la libertad   9

3   La Batalla de Puebla   15

4   México hoy   23

5   Recordando a quienes lucharon   27

6   La música mexicana   31

7   Los bailes mexicanos   35

8   La comida de las fiestas   39

    Manualidades para el Cinco de Mayo . .   42

    Palabras a conocer   44

    Material de lectura   46

    Direcciones de Internet   47

    Índice   48

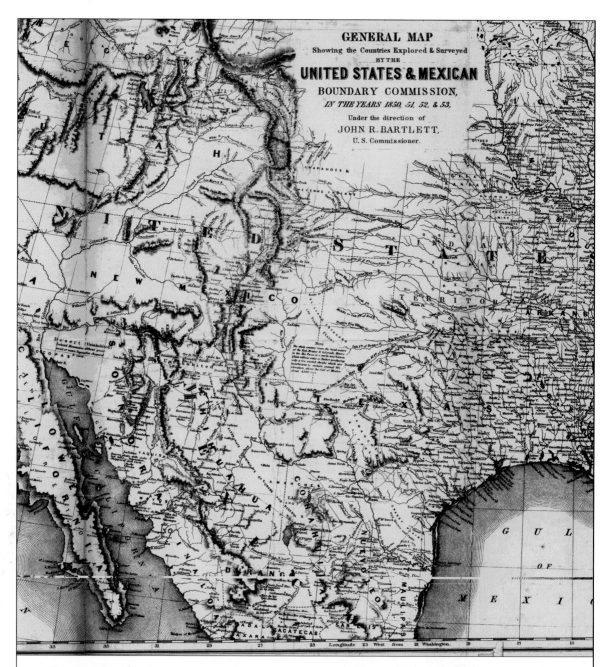

En 1862, el ejército mexicano se encontraba en Guadalupe y Loreto. Se estaba preparando para luchar contra el ejército más poderoso de Europa—los franceses.

CAPÍTULO 1

Benito Juárez

TIEMPO DE FIESTA

★

El Cinco de Mayo muchas personas celebran mediante una fiesta. Puede haber comidas, juegos y música. ¡Todos se divierten!

El 5 de mayo de 1862 el ejército mexicano esperaba en sus fuertes. Estos se encontraban en la cima de las altas colinas de Guadalupe y Loreto. El ejército estaba formado por un grupo de hombres sin experiencia pero valientes. Muchos soldados nunca antes habían luchado. Pocos tenían armas o uniformes. Iban a luchar contra el ejército más poderoso de Europa.

Todos sabían que el ejército francés estaba cerca. Marchaban hacia la Ciudad de México, la capital de México. Querían dominar al nuevo gobierno mexicano. El líder del gobierno mexicano era el Presidente Benito Juárez. El Cinco de Mayo se celebra la victoria de los mexicanos contra los franceses en esta importante batalla.

Benito Juárez era un indio zapoteca. Algunos lo llaman el Abraham Lincoln mexicano. Como el Presidente Lincoln, se crió en la pobreza. Nació en 1806 en un pequeño pueblo rural. Sus padres eran indígenas mexicanos. Ambos murieron antes de que cumpliera los tres años. Benito y sus hermanas crecieron sin sus padres. Eran huérfanos. Fueron criados por sus abuelos y tíos.

El joven Benito trabajaba todo el día en el campo. No había escuela en el pueblo. Por ello, uno de los tíos de Benito le enseñó a leer. Benito quería tener una mejor educación. A los

Benito Juárez fue un gran líder mexicano.

trece años dejó su hogar. Se mudó a la ciudad vecina de Oaxaca. Su hermana mayor trabajaba allí como cocinera. En Oaxaca lo adoptó un encuadernador. El hombre envió a Benito a la escuela.

En la escuela, Benito notó que los niños ricos tenían mejores maestros que los niños pobres y los indios. Creyó que esto no era justo. Benito tenía que estudiar mucho más para aprender a leer y escribir bien. Empezó a interesarle la historia de su país. Quería saber por qué la vida era más fácil para unas personas que para otras.

El pequeño Benito trabajaba mucho todo el día en el campo.

7

Chichén Itzá era una famosa ciudad construida por los antiguos Mayas.

CAPÍTULO 2

México obtiene la libertad

México es el hogar de muchos grupos de personas diferentes. Los indígenas viven allí desde hace miles de años. Los mayas, los toltecas, los zapotecas y los aztecas son algunos de estos grupos. La antigua civilización construyó ciudades grandes y bellas. Construyó pirámides de piedra que dan la cara al sol.

Los soldados españoles, o conquistadores, llegaron a México desde Europa en 1521. Buscaban el oro que creían que había en México. Dominaron la tierra y a las personas que vivían allí.

Ahora México pertenecía a España. Los mexicanos fueron obligados a trabajar para

PIÑATA

Una piñata es un contenedor o una vasija de papel maché de colores que se llena de caramelos, frutas o pequeños juguetes. Se cuelga en un lugar alto. En grupos, los niños tratan de romper la piñata con un palo para sacar los premios ocultos en ella.

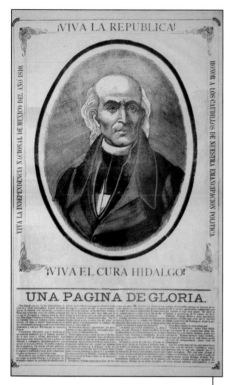

Esta es una imagen del Padre Miguel Hidalgo.

los conquistadores. Los conquistadores no los trataban bien. El Padre Miguel Hidalgo se convirtió en un líder del pueblo mexicano. Enseñó a los mexicanos qué era la democracia.

En una democracia, todas las personas tienen derecho a decidir cómo quieren vivir. El 16 de septiembre de 1810, el Padre Hidalgo inició una revolución. Les pidió a los mexicanos que lucharan por su libertad. La lucha duró más de diez años.

Alrededor de 1821 el pueblo mexicano había obtenido la libertad de los españoles. El pueblo mexicano comenzó a hacer sus propias normas y leyes. Era una tarea muy difícil. No estaban acostumbrados a llevar el mando y a imaginar su propio futuro.

Los distintos grupos dentro del territorio mexicano no se ponían de acuerdo. Todos querían tener el control. Estos grupos comenzaron a luchar entre sí. Al mismo tiempo, México pidió dinero prestado a otros países para hacerse más poderoso.

Entonces, los Estados Unidos iniciaron una guerra contra México. La guerra entre México y los Estados Unidos duró desde 1846 hasta 1848. Dividió aún más al pueblo mexicano. México perdió la guerra. Los Estados Unidos ganaron tierras que habían pertenecido a México. Estas tierras se convirtieron en los estados de Arizona, California, Colorado, Nevada, Nuevo México y Utah.

Mientras tanto, Benito Juárez encontró la manera de mejorar las cosas en México. Era abogado y gobernador. Impidió que las personas que ocupaban el poder le quitaran las tierras a los mexicanos indígenas. Trabajó para aprobar leyes que igualaran a todos los que vivían en el país. Después de la

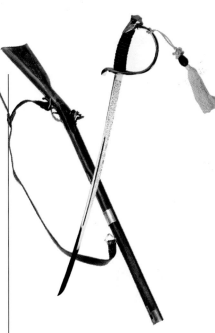

Los Estados Unidos hicieron las paces con México después de la guerra entre México y los Estados Unidos.

guerra entre México y los Estados Unidos, el pueblo mexicano estaba cansado de luchar. Necesitaba un líder honesto y valiente como Benito Juárez que lo uniera.

¿QUÉ LLEVÓ AL CINCO DE MAYO?

Benito Juárez se convirtió en presidente de México en 1860. Pero México era un país débil. Le debía dinero a muchos otros países. Inglaterra, España y Francia querían que México les pagara el dinero que les debía. Benito Juárez debía tomar una difícil decisión. Decidió ayudar a su pueblo. Les pidió a los países a los cuales debía dinero que no se lo reclamaran durante dos años.

A Inglaterra, España y Francia no les gustó. Creían que México tenía mucho oro y plata y que debía poder pagar sus deudas. Enviaron soldados a cobrar el

Inglaterra, España y Francia querían que el pueblo mexicano pagara lo que les debía en piezas de oro y plata.

12

dinero, pero los ingleses y los españoles pronto abandonaron México. Los franceses se quedaron.

Luis Napoleón era el emperador de Francia. Sabía que México estaba luchando para mantenerse vivo. También sabía que los Estados Unidos no podían ayudar a México si era invadido por Francia. Después de la guerra entre México y los Estados Unidos, México y los Estados Unidos se hicieron amigos. Esto significa que habían hecho las paces. Pero Estados Unidos estaba ocupado combatiendo la Guerra Civil en su propia tierra. Luis Napoleón se propuso dominar México. Si los franceses podían hacerlo, también podrían impedir que los Estados Unidos crecieran y se hicieran más poderosos. El ejército de Napoleón tomó la ciudad portuaria de Veracruz. Luego comenzó la larga marcha hacia Ciudad de México.

Luis Napoleón era el emperador de Francia en la década de 1860.

Los mexicanos lucharon para librarse de la dominación francesa.

CAPÍTULO 3

La Batalla de Puebla

En México, muchas personas duermen la siesta después del medio día para descansar de la comida de la tarde.

En la tarde del 5 de mayo de 1862, el ejército francés estaba llegando a la ciudad de Puebla. El Presidente Juárez dio la orden de luchar. El General Ignacio Zaragoza y el ejército mexicano se prepararon para enfrentar a los franceses.

Ignacio Zaragoza era un general mexicano del estado americano de Texas. El pueblo mexicano no quería que los franceses dominaran su país. Gente de pueblos vecinos se acercó para ayudar al General Zaragoza y este ejército detuvo a los franceses. Querían cuidar sus hogares y sus familias.

Agricultores, comerciantes y hacendados

Los mexicanos se unieron y lucharon para combatir a los franceses.

trajeron grandes cuchillos y herramientas de campo para usar como armas. Los vaqueros mexicanos llegaron en sus caballos. Traían lanzas y espadas curvas. Los indios zapotecas tomaron palos y piedras para arrojar. Llevaban grandes imágenes de María, la madre de Jesús. Le rezaron. Le pidieron fuerza para ganar la batalla que se presentaba.

Al General Zaragoza no le importaba que los franceses fueran muchos más soldados que los mexicanos. Conocía bien su tierra y a sus soldados. Cuando el general francés le pidió que se rindiera, él estaba listo para atacar. Pero no esperó a ver qué harían los franceses. Por el contrario, envió a uno de sus generales y algunas tropas a caballo para sorprender a las fuerzas francesas. Las tropas francesas no pudieron atrapar a los mexicanos. Algunos soldados franceses fueron capturados. Otros se perdieron o se separaron de sus tropas.

El General Zaragoza ordenó a las tropas mexicanas que reunieran la mayor cantidad de toros y vacas que pudieran. Dejaron que los furiosos animales corrieran directo hacia las

Las tropas francesas fueron sorprendidas por una estampida de ganado que el ejército mexicano llevó hacia ellos.

Los cañones del ejército francés se atascaron en el barro y la lluvia arruinó la pólvora.

tropas francesas. Después comenzó a llover. Algunos soldados franceses se resbalaron en el barro. Las carretas y cañones se atascaron en los profundos hoyos. Comenzó a caer granizo. El clima húmedo arruinó la pólvora que usaban para disparar las armas y los cañones.

Los franceses subieron las colinas tres veces. Cada vez tuvieron que volver atrás. Después de cuatro horas de lucha se rindieron. Regresaron a su base. El trabajo en equipo del pueblo mexicano había salvado el día. Trabajando juntos, el ejército y los pobladores ganaron la Batalla de Puebla.

Se había ganado la batalla. Pero la guerra no había terminado. El pueblo mexicano no pudo festejar durante mucho tiempo. Un año más tarde, el ejército francés regresó a México. Alrededor de 30,000 soldados franceses regresaron y tomaron los fuertes de Puebla. Luego avanzaron y tomaron la Ciudad de México. Benito Juárez se fue de la capital. Fue reemplazado por un hombre llamado Maximiliano Hapsburg. Algunos mexicanos adinerados querían que Hapsburg fuera el gobernante de México. Eran terratenientes y empresarios. Esperaban que Hapsburg los ayudara a proteger su dinero.

Pero Hapsburg y los mexicanos adinerados no pensaban igual. Hapsburg quería conservar las leyes nuevas que hacían la vida más justa para todos los mexicanos. Al igual que Juárez, creía en la educación. No estaba interesado en

Los mexicanos adinerados querían que Maximiliano Hapsburg fuera gobernante de México.

Si bien los mexicanos habían ganado la Batalla de Puebla, los franceses regresaron un año más tarde y tomaron la Ciudad de México.

ayudar a los terratenientes y empresarios adinerados a hacerse más ricos.

Pero el pueblo mexicano no había olvidado la lección aprendida en la Batalla de Puebla. Sabían que podían ser poderosos si trabajaban juntos. Sabían que podían luchar y ganar. Tenían que vencer nuevamente a los franceses.

Benito Juárez lideró a los mexicanos en la lucha contra los franceses durante tres largos años. Incluso recibió la ayuda de Abraham Lincoln. Lincoln ordenó a las tropas estadounidenses que entregaran armas a Juárez.

El 5 de junio de 1867, Juárez regresó a la Ciudad de México. Tomó el gobierno del país. Finalmente, los franceses abandonaron México. Benito Juárez fue presidente de México otra vez.

Abraham Lincoln hizo que los Estados Unidos entregaran armas a las tropas mexicanas para que pudieran derrotar al ejército francés.

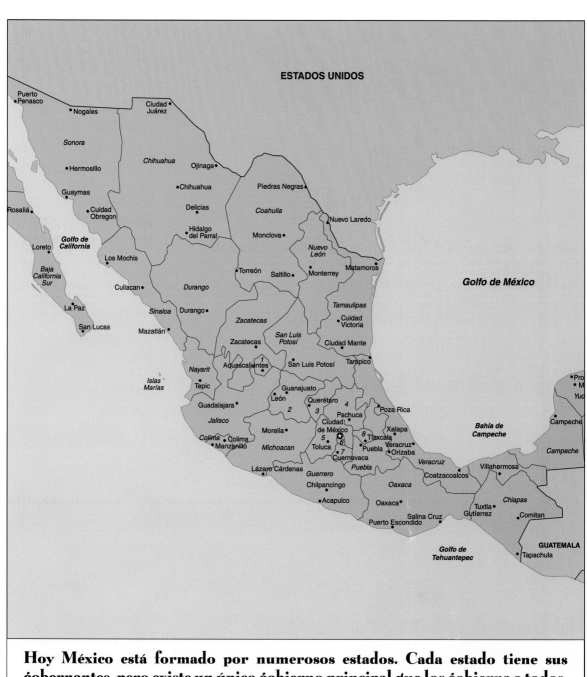

Hoy México está formado por numerosos estados. Cada estado tiene sus gobernantes, pero existe un único gobierno principal que los gobierna a todos, casi como el gobierno de los Estados Unidos.

CAPÍTULO 4

México hoy

Con la ayuda de Benito Juárez, México se fortaleció. Juárez fue un gran líder. Ayudó a modificar las leyes. El sistema de gobierno era diferente. Hoy México está formado por numerosos estados o regiones. Pero existe un único gobierno principal que los gobierna a todos. Es un sistema muy similar al tipo de gobierno de Estados Unidos. Cada estado tiene sus propios gobernantes. Pero el país es gobernado por un presidente.

México tiene treinta y un estados. Ciudad de México es la capital del país. Allí se crean las normas para todos. Además, cada estado tiene su propia capital estatal.

En México se gastan pesos en lugar de dólares.

La bandera mexicana está formada por franjas de color rojo, blanco y verde.

La mayoría de los mexicanos habla español. Compran alimentos y ropa con pesos y centavos en lugar de dólares y centavos. Los colores de la bandera mexicana son rojo, blanco y verde.

Puebla es la capital del estado de Puebla. Se encuentra a una hora y media por carretera de la Ciudad de México. Puebla está situada al pie de dos volcanes. El nombre oficial de la ciudad es Puebla de Zaragoza. Después de la batalla se la bautizó así gracias al General Ignacio Zaragoza. El nombre hace honor al general mexicano que lideró las tropas durante la Batalla de Puebla.

Si vas a Puebla, encontrarás antiguas casas de piedra. También hay construcciones con grandes arcos, patios y balcones. La gente puede pasear por calles y plazas de adoquines. Estos son algunos de los mismos lugares donde los soldados franceses marcharon hace más de cien años.

También se pueden visitar las ruinas de los fuertes de Guadalupe y Loreto. Actualmente uno de los fuertes es un museo de guerra. Tiene una exposición de cientos de soldados de juguete. Estos soldados muestran cómo lucharon los soldados franceses y mexicanos durante la Batalla de Puebla. El campo de la batalla hoy es un parque. En el parque hay una estatua del General Zaragoza.

Siempre se ha vendido bella cerámica artesanal en las calles de Puebla.

Estos músicos quieren ser los mejores del Cinco de Mayo.

CAPÍTULO 5

Recordando a quienes lucharon

Los festejos del Cinco de Mayo se realizan en el zócalo, o plaza del pueblo. Puede haber vendedores comida, gente jugando y un gran espacio abierto donde todos pueden bailar.

Todos aquellos valientes mexicanos que lucharon contra los franceses son recordados cada año el Cinco de Mayo. El Cinco de Mayo se festeja en todo México. Pero es más importante en el estado de Puebla y en la Ciudad de México. Estos fueron los lugares que los franceses trataron de dominar.

Esta fiesta también se celebra en todo Estados Unidos. Algunos pueblos hacen desfiles. Todo en honor de las personas que no se rindieron hasta que su país fue libre. Los grupos de mexicanos y estadounidenses usan uniformes y llevan banderas mexicanas. Las bandas escolares marchan y tocan música.

La gente camina por las calles vendiendo flores durante las fiestas del Cinco de Mayo.

Practican durante meses para sonar muy bien en el desfile. Las familias tratan de hallar el mejor lugar para ver y oír el desfile.

En México, algunos barrios, o vecindarios, simulan luchar la Batalla de Puebla nuevamente. Algunos grupos de personas se visten como el ejército francés. Se ponen ropas de color azul y rojo vivos. Otras personas se visten como el ejército mexicano o como los indios. Cuando simulan el final de la batalla, los mexicanos han ganado. Hay un momento de silencio. Luego todos gritan: "¡Viva México!"

Después de los desfiles y las batallas, también hay una fiesta en la plaza del pueblo.

Una fiesta es una celebración. Hay gente vendiendo comidas, flores y artesanías. También hay juegos y diversiones de carnaval. Los músicos pasean por las calles. Tocan música alegre. Bailarines con trajes típicos bailan danzas tradicionales. Todos se divierten. Comen, cantan y bailan.

Los niños con sus trajes observan los desfiles y los bailes del Cinco de Mayo.

29

El Cinco de Mayo, a la gente le gusta cantar y tocar canciones mexicanas tradicionales.

CAPÍTULO 6

La música mexicana

La música es una parte importante del Cinco de Mayo y otras fiestas mexicanas. Los folkloristas mexicanos se llaman mariachis. Mariachi es una palabra proveniente de la cultura indígena coca. Significa "músico". Un grupo de mariachis es como una orquesta ambulante. Guitarras, violines, harpas y trompetas son algunos de los instrumentos que usan los mariachis.

Dos instrumentos poco comunes que utilizan son el guitarrón y la vihuela. Un guitarrón parece una guitarra grande con una gran barriga. Tiene seis cuerdas que producen tonos bajos. La vihuela produce tonos altos. Parece una pequeña

MARACAS

Las maracas son sonajeros que a menudo se hacen con calabazas, una fruta que se seca y forma una cáscara dura. Las maracas se usan como instrumentos de percusión y con frecuencia se las usa en pares en las canciones mexicanas tradicionales.

Un guitarrón (arriba) es una guitarra de seis cuerdas que tocan los mariachis. La vihuela (abajo) es otro tipo de guitarra que usan los mariachis.

guitarra de cinco cuerdas. Estos instrumentos no se usan en otros tipos de grupos musicales.

La mayoría de las bandas de mariachis tienen de seis a ocho integrantes. Los miembros deben saber cantar bien y leer música. Juntos, crean canciones a medida que caminan entre la gente. Los mariachis deben memorizar muchas canciones folklóricas viejas y nuevas. Las canciones folklóricas mexicanas se llaman corridos. Los corridos son canciones que cuentan historias. Algunas hablan sobre famosas batallas y otras sobre eventos de la historia. Algunas hablan sobre la vida cotidiana. Otras son muy graciosas.

Cuando tocan, los mariachis usan ropas especiales. Se visten de charros (vaqueros mexicanos). Sobre la cabeza usan gorros de alas anchas llamados sombreros. Las botas, chaquetas cortas, grandes corbatas y anchos cinturones también forman parte de su vestimenta. Llevan brillantes botones de metal a los lados de los pantalones oscuros. Disfrazarse y tocar música son sólo un par de formas divertidas de celebrar el Cinco de Mayo.

Los mariachis se visten como vaqueros mexicanos. Usan chaquetas cortas, corbatas grandes y fajas anchas.

Los bailes tradicionales son un orgullo del Cinco de Mayo.

CAPÍTULO 7

Los bailes mexicanos

Bailar es otra forma divertida de celebrar el Cinco de Mayo. También es una forma de que las personas muestren el orgullo que sienten de ser mexicanos. Los bailes mexicanos tradicionales son rápidos y apasionantes. Este tipo de baile se denomina folklórico. Como los corridos, algunos de ellos cuentan historias. Uno de los bailes antiguos es el proveniente de la región Huasteca de México. Es un baile en círculos. Los bailarines giran en círculos. Mientras dan vueltas, forman círculos dentro de los círculos.

El jarabe tapatío es el baile nacional

de México. También se lo llama baile del sombrero mexicano. Los hombres tiran sus sombreros al suelo. Bailan alrededor de ellos con rápidos saltitos. Luego, se echan al suelo muy fuerte con las rodillas. De este modo invitan a las mujeres a bailar con ellos. Como la mayoría de los bailes folklóricos, este es un baile de parejas. Las parejas de bailarines se ponen frente a frente. Se miran a los ojos. Aplauden y chasquean los dedos. Zapatean. La música sube el volumen y se hace más rápida. Los bailarines se balancean hacia donde está el otro.

Cada región de México tiene diferentes bailes. Tienen diferentes trajes típicos para cada baile. Los trajes de los bailarines ayudan

Muchos bailes folklóricos se hacen en parejas.

a adivinar de dónde proviene cada baile. Por ejemplo, la región de Jalisco es conocida por sus bellas flores. Las bailarinas de Jalisco parecen flores. Usan faldas llenas de volados. Cuando bailan toman un borde de la falda con las manos. Lentamente la agitan hacia atrás y hacia adelante. Cuando giran sobre sí, las cintas y volados vuelan alrededor de ellas. Jalisco también es conocido por sus vaqueros. Los hombres se visten con trajes de vaqueros como los que usan los mariachis.

Los bailarines mexicanos usan distintos trajes para los distintos tipos de bailes.

Algunos bailarines usan fajas coloridas en sus cinturas. Otros bailarines usan cuerdas con conchillas alrededor de los tobillos. Las conchillas suenan cuando se mueven. Guerrero es un área cercana a la costa mexicana. Los bailarines de Guerrero usan trajes blancos. Agitan un pañuelo blanco al bailar.

Con frecuencia se hacen fajitas el Cinco de Mayo.

La comida de las fiestas

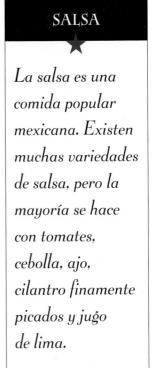

La comida mexicana también es una parte importante en la celebración del Cinco de Mayo. Como la música y las danzas tradicionales, la comida mexicana es diferente en cada región. Entre las favoritas se encuentran los tacos y los burritos. Estas comidas se preparan con tortillas. Las tortillas son pastelillos chatos que se hacen con harina molida de maíz o trigo. Las tortillas caseras tienen un sabor especial. Lleva años de práctica para aprender a hacerlas. Se deben hervir y luego moler los granos de maíz para preparar la masa. La masa se amasa en círculos a mano. Los círculos se hornean en una cacerola caliente.

Muchas personas compran las tortillas en el mercado. En los Estados Unidos, a menudo se las fríe como si fueran papas fritas. Pero en México, las tortillas son blandas como el pan.

Las tortillas de harina son comunes en el norte de México. Cuando se rellena una tortilla de harina con frijoles o carne y queso se llama burrito. Tri-Cities, Washington, es la cuna del burrito más grande del mundo. Para festejar el Cinco de Mayo en 1999 se preparó un burrito de 4,289 pies de largo. Pesó casi 4 toneladas. Se usaron más de 6,000 tortillas para hacerlo.

El Cinco de Mayo no es un día festivo oficial en Estados Unidos. Los bancos y las escuelas permanecen abiertos y las oficinas de correos entregan correspondencia. Pero es la celebración mexicana más importante que se festeja en Estados Unidos.

Las chalupas son otra comida popular del Cinco de Mayo.

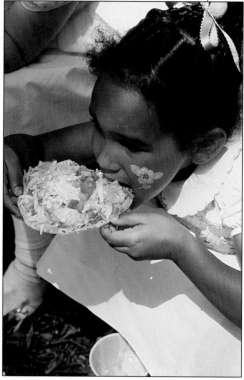

Ignacio Zaragoza, el general que lideró las tropas mexicanas en Puebla, nació en Texas. En Texas y otros estados del sudoeste, el Cinco de Mayo es un día pleno de actividades. Hay desfiles, carnavales y fuegos artificiales. Se cocina chili y se juegan partidos de fútbol.

Los tamales son una comida mexicana picante que disfrutan las personas el Cinco de Mayo.

Pero el Cinco de Mayo es un día significativo para todos los estadounidenses. Después de todo, también disfrutamos de la paz y la libertad por la cual lucharon los héroes de la Batalla de Puebla. La Batalla de Puebla le demostró al mundo que los norteamericanos podían arreglárselas solos. Ninguna fuerza externa ha intentado dominar América del Norte desde entonces. ¡El Cinco de Mayo celebramos la amistad con nuestros vecinos mexicanos!

Manualidades para el Cinco de Mayo

★

Bandera mexicana

Puedes celebrar el Cinco de Mayo haciendo tu propia bandera mexicana para decorar.

Necesitarás:

✔ **1 trozo de papel de seda rojo**

✔ **1 trozo de papel de seda blanco**

✔ **1 trozo de papel de seda verde**

✔ **1 trozo de cartulina blanca**

✔ **pegamento o goma de pegar color blanco**

✔ **crayones o marcadores**

✔ **lápiz**

*Nota de seguridad: Pide ayuda a un adulto, si es necesario, para completar este proyecto.

1. Traza un contorno de la bandera mexicana sobre la cartulina blanca con un lápiz. (En la página 24 hay una figura de la bandera mexicana.)

2. Pinta el medallón en la sección central de la bandera con los crayones o marcadores.

3. Rompe el papel de seda en pequeños trozos, luego enróllalos. Haz una cantidad suficiente de rollitos rojos, verdes y blancos por separado.

4. Coloca pegamento o goma de pegar en cada sección de la bandera excepto en el medallón central.

5. Pega los rollitos de papel de seda en su lugar, dejando los extremos levantados.

6. Cuando el pegamento se seque, cuélgala.

Manualidades para el Cinco de Mayo

¡Todos los materiales están listos!

¡A trabajar!

¡Nuestra bandera mexicana está terminada y lista para el Cinco de Mayo!

Palabras a conocer

★

barrio—Vecindario.

charro—Vaquero mexicano.

corrido—Tipo de canción folklórica mexicana que cuenta una historia.

encuadernador—Persona que arma los libros y les coloca las tapas.

fiesta—Festejo o celebración.

fuerte—Edificio fuerte donde permanecían las tropas durante los tiempos de guerra.

indios zapotecas—Nativos de la región de Puebla de México.

mariachi—Uno de los seis a ocho miembros de una banda que toca canciones folklóricas mexicanas y otras.

Palabras a conocer

★

revolución—Guerra que tiene el fin de producir cambios en el modo en que funciona el gobierno.

tortilla—Pastelillo redondo y chato que se hace con harina molida de maíz o trigo.

traje—Vestimenta o disfraz.

zócalo—Plaza del pueblo.

Material de lectura

★

En español

Laufer, Peter. *Hecho en México*. Washington, D.C.: National Geographic Society, 2000.

En inglés

Garcia, James. *Cinco de Mayo: A Mexican Holiday About Unity and Pride*. Chanhassen, Minn.: Child's World, 2003.

Gnojewski, Carol. *Cinco de Mayo—Celebrating Hispanic Pride*. Berkeley Heights, N.J.: Enslow Publishers, Inc., 2002.

En español y inglés

Ancona, George. *The Piñata Maker = El piñatero*. San Diego: Harcourt Brace, 1994.

Tabor, Nancy Maria Grande. *Celebrations/ Celebraciones*. Watertown, Mass.: Charlesbridge, 2004.

Direcciones de Internet

★

En inglés

CINCO DE MAYO
<http://www.geocities.com/holidayzone/cinco/
  index.html>

CINCO DE MAYO DE 1862—LA BATALLA DE
PUEBLA
<http://www.nacnet.org/assunta/spa5may.htm>

CINCO DE MAYO FOR KIDS & TEACHERS
<http://www.kiddyhouse.com/Holidays/Cinco/>

Índice

★

A
Arizona, 11
Aztecas, 9

B
Batalla de Puebla, 15, 18, 20–21, 24–25, 28

C
California, 11
Chichén Itzá, 8
Ciudad de México, 5, 13, 19–24, 27
Colorado, 11

E
España, 9, 12–13
Estados Unidos, 4, 11, 12, 13, 21–23, 27, 40
Europa, 4, 5, 9

F
Francia, 4–5, 12–21, 25, 27–28

G
Guerra Civil (Estados Unidos), 13
Guerra entre México y los Estados Unidos, 11
Guerrero, 22, 37
Guadalupe, 4–5, 25

H
Hapsburg, Maximiliano, 19
Hidalgo, Padre Miguel, 10
Huasteca, 35

I
Indios coca, 31
Inglaterra, 12,13

J
Jalisco, 22, 37

Jesús, 16
Juárez, Benito, 6, 11–12, 15, 19, 21, 23

L
La Cucaracha, 23
Lincoln, Abraham, 6, 21
Loreto, 4–5, 25
Luis Napoleón, 13

M
María, 16
Mayas, 8–9
México, 4–6, 9–24, 27–28, 30–33, 35–37, 39–41

N
Nevada, 11
Norteamericanos, 41
Nuevo México, 11

O
Oaxaca, 7, 22

P
Puebla, 15, 19, 24–25, 27

T
Texas, 15, 41
Tri-Cities, Washington, 40
Toltecas, 9

U
Utah, 11

V
Veracruz, 13, 22

Z
Zapotecas, 6, 9, 16
Zaragoza, General Ignacio, 15–17, 24–25, 41
zócalo, 27